POEMAS PARA LER COM PALMAS

poemas **EDIMILSON DE ALMEIDA PEREIRA**
ilustrações **MAURICIO NEGRO**

SUMÁRIO

CAPOEIRA
O pé e a perna, *12*
Os braços, *13*
O tronco, *14*
A cabeça, *15*
O som dos sons, *16*
O movimento, *17*
O lugar, *18*
A roda, *19*

CONGADO
O rei Galanga, *22*
O Rosário da Santa, *23*
São Benedito, *24*
Zambi, *25*
Calunga, *26*
Tambor, *27*
Os Reis, *28*
A festa, *29*

JONGO
O fogo, *32*
Tambores, *33*
Assuntos, *34*
Ponto, *35*
Improviso, *36*
Segredo, *37*
Desafio, *38*
Dança, *39*

ORIXÁS
Exu, *42*
Ogum, *43*
Iansã, *44*
Xangô, *45*
Iemanjá, *46*
Oxum, *47*
Omulú, *48*
Oxalá, *49*

VISSUNGOS
Vissungo, *52*
Lugares de Vissungo, *53*
Canto de manhã, *54*
Canto de caminho, *55*
Canto de trabalho, *56*
Canto de pai e filho, *57*
Canto de gabar-se, *58*
Canto de despedida, *59*

A POESIA ENCANTADA DE EDIMILSON DE ALMEIDA PEREIRA
Sandro Ornellas

Edimilson de Almeida Pereira dispensa apresentações como um dos melhores nomes da poesia brasileira contemporânea. Desde os anos oitenta, ele vem construindo uma sólida e poderosa obra, comparável em absolutamente todos os seus aspectos a muito poucas nas últimas décadas. Com originalidade, beleza, compromisso e risco, cada novo livro de Edimilson reafirma seu trabalho e sua vocação de poeta, à qual se somam também outras nobres vocações. Daí que o leitor que abre agora este seu novo volume, *Poemas para ler com palmas*, pode ter a certeza de encontrar um trabalho de excepcional qualidade, mesclando uma sofisticada inteligência e uma sensibilidade à flor da pele.

Poemas para ler com palmas é um livro com uma unidade óbvia e abrange cinco mitopoéticas de matriz afrodescendente (Capoeira, Congado, Jongo, Orixás e Vissungos) concentradas nos poemas de Edimilson através de imagens e ritmos que articulam uma memória das experiências afrodescendentes brasileiras em formas hábil e poderosamente poéticas. Uma escrita poética que não apenas estiliza a original cultura oral dessas mitopoéticas, mas se propõe ao que o título do livro indica: uma escrita como memória que impõe ao leitor a movimentação do seu corpo, fazendo-o também ouvinte e (por que não?) participante dessas cinco grandes raízes. As mãos, com suas palmas ritmadas e moduladas pelos versos, trazem consigo todo o corpo como solo primordial desses textos. Não o corpo individual, mas o corpo comum, comunitário, coletivo, nas palmas que são batidas em conjunto: "Dois braços de mãos dadas / ajudam / o corpo inteiro", afirma o poema "Os braços".

Junto com as referências apresentadas nos nomes dos capítulos, títulos de poemas e em palavras reconhecíveis do universo de cada uma das cinco manifestações, o trabalho essencialmente poético de Edimilson se faz por seu hábil domínio da palavra – ao mesmo tempo escrita e oral, porque no fundo não há diferenças entre elas (por mais que nos queiram fazer crer) – e o poeta nos faz notar isso. Ambas são formas de inscrição da memória (no espaço bidimensional da página ou no tridimensional do espaço), ambas são produzidas na fricção entre o corpo pessoal do poeta e a memória de uma experiência sócio-afetiva que ele compartilha com seu mundo. Quando Edimilson escreve no poema "Omulu", "Se tem o rosto escondido, / que rosto / terá? // Se alguém levanta o véu, / que lua / verá? // Um rosto pode ser outro / rosto / mesmo quando se dá / a ver. // (...)", podemos afirmar que a memória ativada no poema se dá desde a referência inicial no seu título até a memória ativada no ritmo acelerado com que os versos substantivados ("rosto", "véu", "lua") se sucedem e que a cada estrofe se reinicia, como um tempo cíclico, mítico, espiralado. Isso também ocorre com as inúmeras evocações onomatopeicas ou nas anáforas presentes por todo o livro. Tudo habilidosamente construído. Nos versos curtos e incisivos de Edimilson, portanto, acha-se uma poética de uma certa maneira construtivista, em que o ritmo produz tanto a memória cultural quanto a memória da própria palavra poética, do imaginário popular afrodescendente de matriz oral e do imaginário de alguns dos mais eficazes procedimentos escritos da história da poesia.

Por outro lado, a perspectiva pedagógica dos poemas também não faz deles menos poemas. Muito pelo contrário. São tão poemas quanto cantos de guerra ameríndios, que ensinavam valentia e heroísmo aos jovens guerreiros, quanto Dante, que ensinava a moral católica pela Divina Comédia, quanto o canto da puxada de rede, ensinando o respeito pelo mar por pescadores, e os hinos homéricos na Grécia Antiga, que ensinavam sobre os seus deuses. Por isso um dos sentidos da poesia sempre foi o pedagógico: "ensinar, deleitar e comover", diz uma antiga prescrição poética. Então quando no poema "Vissungo" Edimilson monta o texto a partir da pergunta "Vissungo, o que é?", ele – além de responder no próprio poema – o faz no ritmo e na poesia, porque vissungo é ritmo e poesia, porque vissungo é memória, porque vissungo é ensino-e-aprendizado da memória, logo vissungo é "um canto":

    (...)
    Tudo isso, mais que isso.
    Um canto
            vissungo é.

E Edimilson nos ensina isso fazendo desse poema justamente canto de abertura para toda a série de poemas que se lhe seguem: "Canto de manhã", "Canto de caminho", "Canto de trabalho", Canto de pai e filho", "Canto de gabar-se" e "Canto de despedida", sendo Vissungo ao mesmo tempo muitos outros cantos que não são listados por ele, mas que estão subentendidos nessa poética, que serve para ensinar, deleitar e comover.

O sentido religioso de muitas das manifestações culturais que são assunto de *Poemas para ler com palmas* é evidente. Mas os textos de Edimilson recusam-se a deixar de ser poemas, não deixando de seguir o conselho do poema "Assunto", do capítulo sobre o "Jongo": "No jongo fala-se de tudo / um pouco. // Fala-se pouco / do que é mistério. // (..) // No jongo vira assunto / o que era // de ontem / e o que é de hoje. // Fala-se, escuta-se / a palavra // repartida como grão / de orvalho." Os poemas menos descrevem do que mimetizam poeticamente essas manifestações, inclusive no que elas possuem de religioso. Até porque o religioso e o cultural se fundem e confundem, diferentemente do que sói acontecer nos mundos excessivamente modernizados e suas repartições da cultura em escaninhos especializados. O que há de religioso nessas manifestações é o que há de religioso em todo e qualquer poema: imagens e ritmos, ritmos e imagens, tudo concentrado em doses precisas no verbo encantado de Edimilson.

Por isso, caro leitor, abra este *Poemas para ler com palmas*, de Edimilson de Almeida Pereira, como um livro de poesia no sentido mais amplo e possível que puder. Há poesia antes e depois dos poemas que as articulam, mas é nelas, nas palavras, que a poesia deste livro se faz entranhada, presente, e quer ser lida. Não apenas com os olhos do rosto, mas com os olhos do espírito e com o corpo todo, movido pelo movimento ritmado das mãos e de suas palmas. Poesia para o espírito e para o corpo. Poesia táctil. Para todo o corpo.

Salvador, Belo Horizonte, 2017

O PÉ E A PERNA

O galo cantou, camarada,
na curva do dia.

Quando o galo canta,
camarada,
é hora, é hora.

É hora de saudar o dia.

O pé e a perna fazem
o seu caminho.

Porque o galo canta,
camarada,
é hora, é hora.

Quem é perna comprida?
Quem é?

Quem acende a sola do pé?
Quem?

Quem salta de pé, quem
solta a perna
é capoeira.

O galo cantou.
É hora, é dia, camarada.

OS BRAÇOS

Cada um do seu lado,
irmãos.

Cada um com seu ombro,
irmãos.

Cada um com seu cotovelo,
irmãos.

Cada um com seu dedo,
irmãos.

Cada um com seus medos,
então?

Dois braços de mãos dadas
ajudam
o corpo inteiro.

O TRONCO

Ninguém fica de pé
se não tiver
o meio.

O meio depois do início.

O meio antes do fim.

O meio no meio do meio.

Ninguém fica firme
se o tronco
não segurar a cabeça e o pé.

Ninguém vai ao fim
nem ao começo do mundo
se não tiver meios.

O tronco no meio do corpo
faz o capoeira
bater pernas, palmas e pé.

A CABEÇA

Quem é forte, não diz.
Para que dizer?

Quem tem a cabeça
no lugar
vai a todos os lugares.

Quem é não diz
o que é.
Dizer para quê?

A cabeça é roda
gigante.

A cabeça é um país.

Mas dizer para quê?

A cabeça de quem sabe
vai
a todos os lugares.

O SOM DOS SONS

A mão estala
para conversar

      com o caxixi
      e o berimbau.

O corpo responde:
- Oi, ê, ô, lalá.

O caxixi raspa
a palma

      da mão
      e o berimbau.

O corpo se alonga
(ondas no mar).

O berimbau acalma
os ritmos

      do caxixi
      da mão que estala.

Se a música não soa,
o corpo espera.

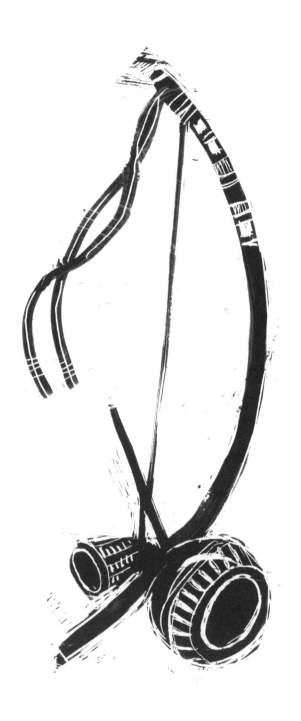

O MOVIMENTO

Ginga, esse leque
de esses.

Essa hélice
que voa no chão.

Isso, se desse para
anotar

seria uma lista
de surpresas.

Ginga – um meneio
que faz

o corpo mudar
de forma

como quem muda
de roupa.

Se alguém ginga
aqui,

parece, no entanto,
que se move

em outro lugar.

Ginga, um leque
de esses,

quase um pássaro,
que a mão

pudesse alcançar.

O LUGAR

Um corpo, camarada,
tem morada
na terra

mas vontade de viajar.

Quando se crava
na terra,
faz dela um trampolim.

Quando gira
como um pássaro, é para
a terra voltar.

Um corpo, camarada,
busca para si
o alto e o baixo.

Quando se move
é terra
é fogo
é água

é vento.

A RODA

Quem dá um passo,
prepara-se para outro, esse
o recado.

Quem recua,
na verdade não para, essa
é a metade

da lua.

A outra está no passo
dado
que prepara
o salto.

Quem se avizinha da roda
está em casa.

Quem se afasta
é convidado.

Entre passo e recuo, avanço
e cansaço
a roda mundo gira, camará.

O REI GALANGA

Galanga é um rei de longe.
Dança o dia
e a noite também dança.

O cabelo de Galanga
tem uma coleção de ouro.

Quem sabe de onde ele veio?
"Oi, oi, Galanga,
que ouro é esse no seu cabelo?"

Galanga responde:
"Não é ouro nem cabelo.
Olha direito,
se adivinhar será o primeiro."

"Então, Galanga, por que seu cabelo
é tão cheio
do ouro que não vemos?"

Mas Galanga está dançando
e não diz nada.

Sua cabeça vai às nuvens e suas
pernas na lagoa.

O rei que veio de longe
passa colorido na praça.

Para ele a rua é um navio.
Será isso?
Ou será uma casa?

Galanga quando dança
diz muita coisa sem palavra.

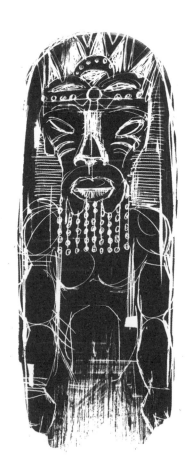

O ROSÁRIO DA SANTA

A Santa é a Senhora do Rosário.
E o rosário, o que é?

Um colar de águas-marinhas
ou pedras da amarelinha?

O nome da Santa começa na rosa
e tem um rio na ponta

    rosa rio rosa rio
    r o s á r i o

    ô, chindi, olerê, ô, Senhora,
    viva a rosa
    e viva o rio, ô, Senhora.

No meio da roda se canta:
"Tá caindo flor, tá caindo flor"
para a alegria da Santa.

A que tem uma rosa no nome
e a chuva no manto azul.

Lá do céu desce uma estrela
mais parece um vagalume.

Tenha cuidado com ele, ô gente,
são as contas do rosário.

A Santa com sua coroa é rainha.
Oi, vivá, oi, vivá.

O seu nome é de muitas luas,
o nosso, de quantas será?

SÃO BENEDITO

São Benedito vai pela noite
levando flores
para quem está na beira do rio.

São Benedito leva comida,
de pouco em pouco,
aos que estão sozinhos.

Tem pressa, São Benedito,
porque o rio
fica mais largo com a fome.

É preciso inventar uma ponte
e correr mais rápido
que o vento.

É preciso tirar das flores
um pão
e, se possível, outro alimento.

Quem pode fazer isso é Benedito
que vai pela noite
com os pés descalços.

Não tem medo da sombra
nem do ruído
que assusta os pássaros.

Vai pela noite, São Benedito,
e também pelo dia
com seu avental.

Leva comida e alegria.
Se pudesse levava
para todos a lua e o sol.

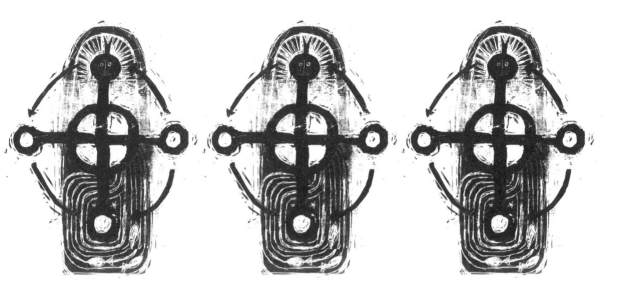

ZAMBI

Zambi é o deus que mora
nas alturas.

Mas, sendo maior que tudo,
mora em todos
os lugares.

Sua casa tem um jardim de miçangas
e uma escada de ventos.

Numa casa tão grande,
Zambi escondeu dois segredos:
um vestido de manhã,
outro vestido de noite.

Na casa de Zambi não há janelas
nem portas.

Quando quer entrar nela,
Zambi se pergunta:
"Onde é o lado de dentro?
Onde é o lado de fora?"

Numa casa tão grande,
Zambi reuniu as pessoas,
as árvores,
os bichos e as cidades.

Na casa de Zambi não há cercas
nem um número
na parede.

Zambi, quando quer, diz seu endereço:
"Moro em todas as partes."

CALUNGA

Calunga muda de nome
como quem muda de sapato.

Às vezes, é um só,
depois é três e quatro.

Quando largo, quase oceano,
com espuma e peixes
por toda parte, é Calunga Grande,
azul de sete mares.

Quando miúdo, tamanho de fruta,
é Calunga Pequeno ou terra
que guarda o homem
na hora da morte.

Calunga tem uma concha nos ouvidos
e uma raiz nos braços.

Pela concha nasceu nas águas,
pela raiz cresceu das árvores.

"Nem tanto ao mar, nem tanto à terra",
diz Calunga.
"Eu moro onde não estou,
e onde estou saí de viagem".

Calunga muda de rosto
como se quisesse ser tudo: ora claro,
ora escuro,
é tão velho quanto moço.

Às vezes, é uma palavra, outra vez,
é terra e água.

Onde ele está agora?
Quem souber pule bem alto, olalá.

TAMBOR

Não há voz mais longa
que a do tambor além do mar.

Nem silêncio mais amigo
que o do tambor.

O tambor é uma concha
olerê, pá
que acorda os ouvidos.

Atravessa as ruas
olerê
carregado nos braços.

Não há voz que mais fale
se não a do tambor.

Nem pernas que mais andem
se não as do tambor.

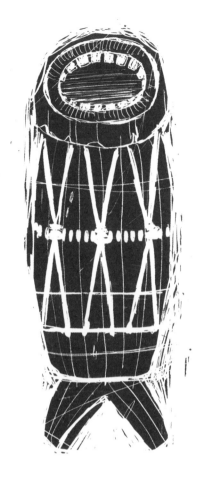

O tambor também
se chama ngoma
e fala do mundo, quando bate.

O tambor que tem
um calo nas costas
anda, anda sem viajar.

Um tambor sozinho
faz um verão
e três tambores o que farão?

OS REIS

O Rei e a Rainha de Congo
moram aqui ao lado.

De casa vão à igreja
com suas coroas de lata.

O Rei de vermelho
e a Rainha de azul,
cada um com sua capa.

Por onde passam,
o Rei e a Rainha de Congo
estão atentos.

São muitos os caminhos
e os perigos demais.

Os Reis vão rezando,
quem pode ouvir, ouvirá.

Eles moram aqui ao lado,
mas sua história
nasceu longe.

Hoje passeiam pela cidade
com suas coroas
e cantos.

O Rei e a Rainha de Congo
são nossos avós.

Quando andam pelas ruas,
estão muito perto de nós.

A FESTA

Galanga, o rei que tocava as nuvens,
começou a festa do Congado.

Na igreja, nas casas e nas ruas
a festa cresceu.
Nela vai passando a Santa do Rosário.

Também São Benedito, Zambi
e Calunga.

O Rei e a Rainha de Congo chegam
com os convidados.
Os tambores estão soando.

Oi, lerê, olerê,
essa festa é para o mundo.

Os grandes e os pequenos
vestem suas roupas
em cores.

Usam chapéus e colares
para dançar no Congado.

Viva São Benedito e Calunga.
Viva Zambi no céu.
Viva os Reis de Congo.

A Santa do Rosário, viva,
por essa alegria que nos deu.

O FOGO

Alta, no meio da noite,
a fogueira.

Dela se aproximam
os dançantes
do jongo.

A noite é menos fria
ao redor
da alta fogueira.

Nela se aquece
o couro dos tambores.

Os tambores
aquecidos soam
a noite inteira.

Também aquecidos
os corpos
dos jongueiros.

Alta segue a fogueira
como a noite.

Ao seu redor estão
os tambores
e os dançantes.

TAMBORES

Sem eles não há festa.
Sem eles não há roda.

Sem eles os vivos
não falam com os antigos.

Sem eles não há canto
que desperta a noite.

Sem eles não há ritmo
para juntar a gente.

Sem eles não há dança
que nos alegra.

Sem eles não há roda.
Sem eles não há festa.

Com eles tudo se faz:
o encontro,

o cumprimento, a boca
que tira o canto.

Com eles os antigos
vivem outra vez.

Com eles é possível
fazer o cordão de amigos.

ASSUNTOS

No jongo fala-se de tudo
um pouco.

Fala-se pouco
do que é mistério.

Fala-se do trabalho
no campo,

dos ancestrais
vindos de outras terras.

Fala-se da água
no terreiro,

das heranças
num provérbio.

No jongo vira assunto
o que era
de ontem
e o que é de hoje.

Fala-se, escuta-se
a palavra
repartida como grão
de orvalho.

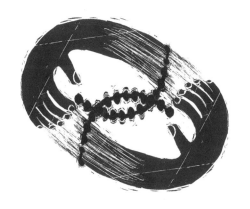

PONTO

Ô, ô ô, eá
Um ponto se emenda
com outro.

Dois e mais pontos
são um colar
de ideias.

As ideias coladas
no corpo
desenham o mundo,
é divera.

Na ponta da língua
um ponto:
– Ô, ô ô, eá.

Quem decifrá-lo,
malungo,
terá sua fortuna.

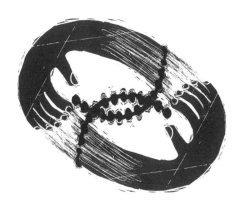

Um ponto se emenda
no outro,
dois braços enlaçados.

O que eles contam
é segredo.
Será mestre
quem decifrá-los.

IMPROVISO

Muitas vezes, o que
falamos
é um espelho
dos acontecimentos.

Mas, às vezes,
os acontecimentos
são
tão inesperados

que não temos
palavras para eles.

Então, como fazer
para colocarmos
os fatos
em palavras?

Quem vai ao jongo
entende.
Quem sabe disso
tem cabeça.

Para dizer o indizível
usa-se o improviso.

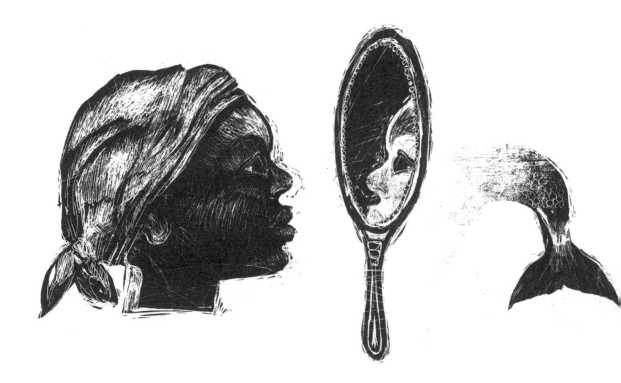

SEGREDO

Escondido no ponto,
como borboleta
na árvore,
um segredo.

Quando soa o ponto,
assim
como balança a árvore,
a borboleta

voa.

Quer dizer, o segredo
salta
dentro da noite.

Como prendê-lo?
Talvez com a rede
com que
se caça a borboleta.

Porém, segredo
e borboleta
mudam de forma.

Escondidos no ar
dão-se a ver.
Depois os perdemos
até a próxima busca.

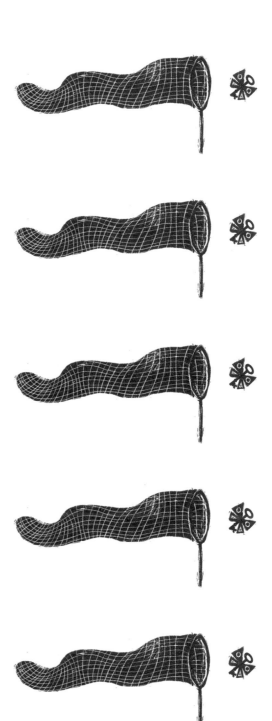

DESAFIO

Um toca os pés no céu.
Quem fará
o mesmo?

Outro tira poeira na lua.
Alguém
sabe o que é isso?

Aquele mora na chuva.
Vê-se
o seu terno enxuto?

Aquela gira ao vento.
Com saia
de qual tecido?

Cada um pode mais
que o outro.

Cada qual com suas
perguntas.

Todos vencem,
mas ninguém é vencido.

DANÇA

No círculo que gira
gira
gira
um casal de mãos dadas.

Gira o casal
na roda que gira
gira
gira.

A roda está girando.

O casal entra na roda
de mãos dadas
como rosa
em movimento.

Giram os olhos
dos amigos.
O casal está girando.

Nessa roda
passa o tempo.
e o que passa
está vivendo.

O círculo gira ligeiro
até a noite
virar o dia.

O casal está parado.
Mas gira
gira
a alegria.

EXU

Preto e vermelho
são suas cores.

Abre os caminhos
com elas.

Em seus calcanhares
as asas

de grande pássaro.
Vai devagar,

depressa também.
Nos dias pares,

pensa nos rumores
da festa.

Nas noites ímpares,
desce a lua

das alturas.
Preto e vermelho

são as cores
que movimenta

para dar direção
a todos os caminhos.

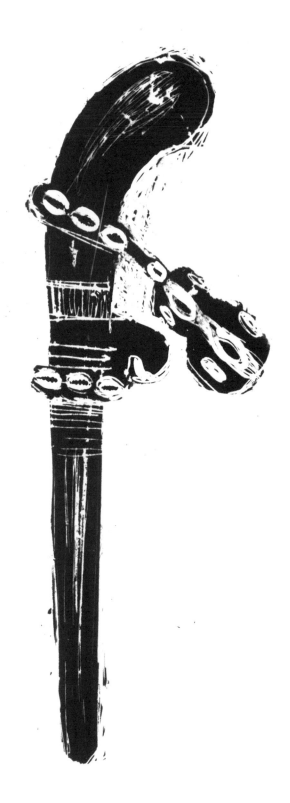

OGUM

Ogum é mestre
ferreiro.
Habilidoso.

Faz o material
de caça
na medida do que
vai ser caçado.

Não há exagero,
nem mais,
nem menos.

O ferreiro zera
ao fazer
as ferramentas.

Assim também
suas ideias.

Assim também
o arco
que estende na mata.

Ogum habilidoso.
Mestre
de coisas exatas.

IANSÃ

Quando sopra tempestade.

Quando fala   tempestade.

Quando cobra   tempestade.

Porém,
quando tempestade, Iansã
é suave.

Em seus cabelos e braços
giram as cidades.

Umas rodeadas de sol
outras na   tempestade.

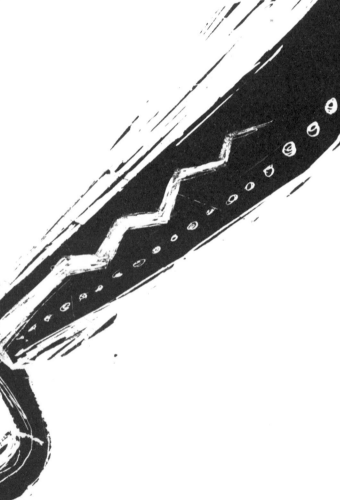

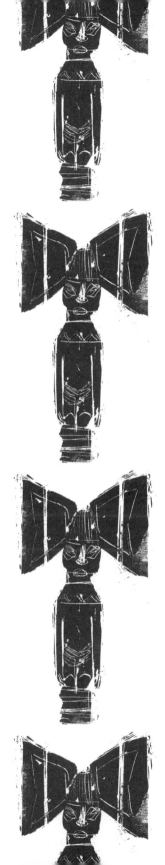

XANGÔ

Tem uma ferramenta de duas
cabeças.

Olha para a direita e a esquerda
ao mesmo
tempo.

Quando pensa, o que pensa
está
fazendo.

Por exemplo:
"Vamos atravessar o campo",
seu pensamento.

Mas, nisso,
sem que os olhos se deem conta,
ele já está
do outro lado.

IEMANJÁ

Nas águas grandes,
que são
o mar,
Iemanjá, o que segue?

Segue os cardumes
e algas.
E os corais,
flores de seu vestido.

Nas águas grandes,
prepara
o lugar de todos

os seres.
Para vê-la há
que sonhar os sonhos

de céu, terra e mar.

OXUM

Nas águas de dentro,
que são
rio e cachoeira,
Oxum, a que veio?

Veio com pulseiras
nas mãos.
Com as conchas
também veio.

Nas águas de rio
e cachoeira
toma o seu lugar.

Se é para vê-la,
há que molhar-se
de sonhos.

Oxum, águas adentro,
quem há de
não a buscar?

OMULU

Se tem o rosto escondido,
que rosto
terá?

Se alguém levanta o véu,
que lua
verá?

Um rosto pode ser outro
rosto
mesmo quando se dá
a ver.

Se tem um que se esconde,
esse
é o seu rosto.

E tudo que dele não vemos
talvez seja
o que
em nós um dia vai revelar-se.

OXALÁ

Debaixo de seu manto
branco

todos os seres
do mundo.

Todas as flores
do mundo,

todas as cabeças
que pensam

o mundo.
A força de seu cajado

toca os frutos
da terra

o vento e as águas.
Sob o branco

do seu manto
guarda os segredos

do mundo.

VISSUNGO

Vissungo, o que é?

Um calango
com seu colete.
Uma nuvem
antes de maio.

Vissungo, o que é?

Um calo no pé
da mesa.
Uma noite que ainda
não veio.

Vissungo, o que é?

Um silêncio
com ecos por dentro.
Um rio
quase oceano.

Tudo isso, mais que isso.
Um canto
                vissungo é.

LUGARES DE VISSUNGO

Quartel do Indaiá

– Capitão, quem é seu mestre
nessa hora?

– Nenhum ninguém.
Só as campinas desse lugar.

– Capitão, quem é seu dono
nesse minuto?

– Nenhum ninguém.
Só a cristalina água desse lugar.

– Senhor capitão, dizei-me,
agora...

– Pronto lhe digo
sobre os mistérios desse lugar.

– Dizei-me, então
o que guardas nesse quartel.

– Nada, nada, a não ser esse
canto escondido na relva.

São João da Chapada

O vento é tão antigo
quanto o velho mais velho
de São João da Chapada.

O vento é tão arisco
quanto o velho mais velho
de São João da Chapada.

O vento nesse povoado
é um velho arisco menino
campeando em seu cavalo.

De lapa em lapa até a beira
do rio, escava histórias,
pois diamantes não há.

O vento, quando passa,
fala da gente e do mundo
em São João da Chapada.

CANTO DE MANHÃ

    que que rê quê
    pororó possindê

Assim mestre Zé Paulino
abre a camisa do dia.
Com ele os beija-flores
e a flor de buganvília.

    que que rê quê
    pororó possindê

Assim mestre Zé Paulino
lida no dia até a noite.
Com ele os companheiros
na roça e na cidade.

    que que rê quê
    pororó possindê

Mestre Zé Paulino, olê,
gira o chapéu nos dedos.
É um girassol, quem diria,
estendido ao vento.

CANTO DE CAMINHO

Quando saio de casa, não
levo bagagem não,
    olelê.

O mundo é minha casa,
onde passo tenho amizade
    olalá.

Cada ramo nas veredas me
serve de companhia,
    olelê.

Indo a pé leio com os calos
a fortuna que se perde,
    olalá.

Por isso, não levo nada
e o que acho é uma ventura,
    olelê.

Às vezes, é um cordão
que enfeita o meu sapato,
    olalá.

Outras vezes, uma nota
de dinheiro pela metade,
    olelê.

Isso que é nada, porém,
me faz rico sem bagagem,
    olelê, olalá.

CANTO DE TRABALHO

Mais que na terra, o diamante
      se esconde
na imaginação do homem.

Ou na bruma reinante,
      onde
tateia em busca da sorte.

Não tem sequer um nome,
      o homem,
      mas fome
de inventar uma cidade grande.

Não sabe onde o diamante
      se esconde,
nem o peso de ser homem.

Por isso, perde e ganha
      no rio
      no monte
o seu próprio caminho.

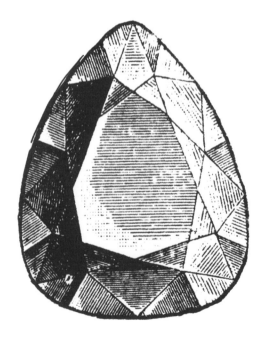

CANTO DE PAI E FILHO

O pai e o filho na mina
em busca de algo que valha.

Entre as colunas de barro,
os ramos, o escuro e as pedras,

pai e filho – o que buscam,
se esvai num fio de água.

Súbito, em meio ao cascalho,
um grão, mais que outro,

desperta a alegria do pequeno:
– Veja, pai, como brilha essa

pedra que achei no sulco.
O pai, ciente da cobiça

na cidade, recomenda:
– Fale baixo, filho, olho vivo.

Essa pedra é só uma pedra
como o rio é só um rio.

Por isso, deixe-a escondida
perto de nós e longe do vizinho.

CANTO DE GABAR-SE

O melhor dos melhores
não sei quem é.
    Será mia cavalo
    que anda
    em pé, em pé?

A amiga das amigas
ninguém adivinha.
    Será uma
    sombra
    ao meio-dia?

O belo dos mais belos
quem saberá.
    Talvez
    o beija-flor
    de bico lilás.

A amada das amadas
que difícil tarefa
    a resolver.
    Será a chuva
    de véspera?

O maior dos maiores
não sei quem é.
    Talvez mia
    cavalo
    a galope.

Talvez o beija-flor
quando voa ou sombra
    lilás
    que anuncia
    a noite.

Talvez a amada
no adeus ao amado.
    Um vissungo
    só de perguntas,
    talvez.

CANTO DE DESPEDIDA

Aquele homem na rede
não procura o diamante.
    Está coberto
    de noite.

Aquele homem não cava
mais os túneis.
    Está quieto
    em casa.

Aquele homem
veste um terno escuro.
    Está sereno
    e mudo.

O homem nessa rede
sonha à luz de velas.
    Está coberto
    de noite.

Os amigos deste homem
não foram à mina.
    Aqui estão
    de visita.

Recitam uma cantiga
ao homem mudo: estão
    tristes,
    de luto.

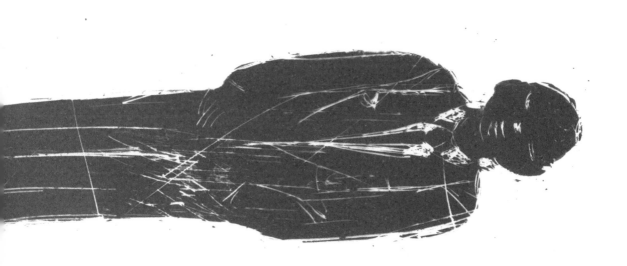

NOTAS

A história da *Capoeira* está intrinsecamente ligada às relações de luta, negociação e resistência com que o regime escravocrata impregnou a sociedade brasileira. A sua prática foi observada nos terreiros vizinhos à habitação dos escravos, em áreas rurais e, também, em áreas urbanas, apesar das restrições impostas pelas autoridades. Prova disso é que até 1930 a Capoeira foi uma atividade proibida por lei e não raramente os capoeiristas eram perseguidos pelas autoridades. A Capoeira, além de ser uma atividade de jogo (ludismo) e confronto (luta), constitui-se como um lugar cultural, pois em torno de seus movimentos, princípios de conduta e acervo linguístico foram mantidas importantes redes de relações sociais entre os escravos, no passado, e os praticantes que se filiaram a ela, na contemporaneidade. Os estilos que caracterizam a Capoeira são a angola (com ritmo musical lento, gestos lançados baixo, próximo ao chão), o regional (resultante do encontro entre a malícia da capoeira angola e os movimentos rápidos) e o contemporâneo (que mescla elementos da capoeira angola e regional).

O *Congado* é uma celebração religiosa que, entre outras, faz parte das heranças culturais geradas pelos afrodescendentes no Brasil. O Congado envolve um número expressivo de comunidades situadas em vários estados, tais como, Minas Gerais, São Paulo, Goiás, Espírito Santo e Rio Grande do Sul. Essa abrangência humana e geográfica faz do Congado uma das mais importantes manifestações culturais brasileiras. No Congado se encontram tradições culturais de origens *africanas* (coroação de Reis e Rainhas do Congo, devoção às divindades Zambi e Calunga), de origens *indígenas* (uso de vestimentas e gestos similares aos dos índios brasileiros) e de origens *europeias* (devoção aos santos católicos). Em cada região do Brasil, o Congado apresenta características próprias. No entanto, os traços gerais são: o diálogo entre diferentes tradições culturais; a devoção a Nossa Senhora do Rosário e outros santos católicos (em particular, aos santos de cor, como São Benedito e Santa Efigênia); devoção aos antepassados e, em algumas comunidades, às divindades Zambi e Calunga; a coroação de Rei de Congo, Rainha Conga, Reis Festeiros, Príncipes e Princesas; o cumprimento de promessas; a realização de cortejos que conduzem os Reis e Rainhas de Congo, com cantos e danças.

Para compreender a *religião dos orixás*, é importante levar em conta que ela se relaciona à noção de uma família extensa e numerosa, decorrente de um antepassado comum. Nas teias dessa família estão incluídos, e em estreito relacionamento, os vivos e os mortos. Inicialmente, o orixá seria um ancestral que foi divinizado pois, em sua vida exemplar, obteve o domínio sobre algumas forças da natureza, tais como o vento e o trovão, além de se tornar o senhor de certas atividades como a caça ou de certos conhecimentos como aqueles ligados às plantas. Cada orixá tem símbolos por meio dos quais é identificado, tais como cores, alimentos, cantos, ritmos, dias, horas e locais específicos.

O *Jongo* pode ser caracterizado como um conjunto de práticas culturais que inclui, entre outros aspectos, o canto, a dança, a louvação aos ancestrais afrodescendentes e aos santos católicos. Ocorre no sudeste do Brasil, como uma herança radicada em antigas áreas ocupadas pelas lavouras de café e cana-de-açúcar, particularmente no Vale do Paraíba. Entre os elementos que constituem o Jongo, destacam-se os pontos, os instrumentos e a dança. Com os pontos são narrados fatos da vida cotidiana da comunidade; às vezes, os pontos adquirem um sentido enigmático, que se expressa por meio de uma linguagem cifrada. Os tambores do Jongo têm nomes variados. Entre os mais conhecidos estão caxambu, tambu e candongueiro. Em alguns grupos, utiliza-se também a puíta ou angoma, uma espécie de cuíca maior. A dança é desenhada com várias coreografias, a partir do momento em que os dançantes, sozinhos ou em pares, entram na roda ao som dos tambores e dos pontos entoados em coro.

O registro dos *Vissungos* – realizado por Aires da Mata Machado e seus colaboradores, a partir de 1928 – ocorreu nos povoados de Quartel do Indaiá e São João da Chapada, nas imediações de Diamantina, em Minas Gerais. O aparecimento desses cantos está ligado à mineração do diamante, atividade de grande importância para a economia colonial nos séculos XVII e XVIII. Recentemente, os Vissungos foram registrados nas comunidades do Ausente e do Baú, na região do Serro, também em Minas Gerais. Esses cantos se referem a temas da vida social, tais como a prática das orações (padre-nosso), as andanças pelos caminhos, a referência à passagem do tempo (a manhã e o meio-dia), a fala do indivíduo que se gaba de suas qualidades, o pedido de licença para a apresentação dos cantos. Entre os Vissungos mais conhecidos, destacam-se os cantos de trabalho (entoados para acompanhar as tarefas na área de mineração); os cantos de multa (entoados para cobrar uma espécie de pedágio às pessoas que, vindo de fora, pretendiam atravessar a área onde trabalhavam os escravos) e os cantos de enterro (entoados durante as cerimônias fúnebres).

© Edimilson de Almeida Pereira
Todos os direitos reservados.
1ª reimpressão - 2024

Revisão Bruno D'Abruzzo
Projeto gráfico e diagramação Thiago Amormino

P436p   Pereira, Edimilson de Almeida.
            Poemas para ler com palmas / Edimilson
        de Almeida Pereira; ilustrador Mauricio Negro.
        Belo Horizonte : Mazza Edições, 2017.
            64p.; il.
            ISBN: 978-85-7160-692-0
            1. Poesia brasileira. I. Negro, Mauricio.
        II. Título.

                                        CDD: B869.1
                                        CDU: 821.134.3(81)-1

Mazza Edições
Rua Bragança, 101 - Pompeia
30280-410 Belo Horizonte - MG
Tel.: 31 3481 0591
pedidos@mazzaedicoes.com.br
www. mazzaedicoes.com.br